Inhalt

Das Internet ist tot!? 2004 lebt das Internet als Geschäftsmodell wieder auf!!

Kernthesen

Beitrag

Fallbeispiele

Weiterführende Literatur

Impressum

Das Internet ist tot!? 2004 lebt das Internet als Geschäftsmodell wieder auf!!

M.Westphal

Kernthesen

- Das Geschäftsmodell Internet lebt als E-Commerce-Plattform wieder auf
- Es werden wieder Internet-Firmen gekauft/übernommen
- Derzeit wird am stärksten in E-Commerce-Plattformen investiert, die Musik- und Film-Content anbieten

Beitrag

Das Geschäftsmodell Internet lebt als E-Commerce-Plattform wieder auf

Das Platzen der New Economy-Blase hat auch viele Erwartungen in das Geschäftsmodell Internet zerstört. Auf dem Tiefpunkt, der vielleicht auch durch diese einschneidenden Erfahrungen noch verstärkten, konjunkturellen Schwäche, haben sich aber zum einen doch verschiedene Geschäftsmodelle als erfolgreich erwiesen und es beginnen auch wieder erste Ansätze eines Kaufrausches.

Das Internet wird sich immer stärker als E-Commerce-Plattform etablieren. Die Nutzung des Internets zu anderen als rein informativen Zwecken nimmt zu. Spezialanbieter wie Ebay und Google holen gegenüber klassischen Portalen wie T-Online, Yahoo oder Web.de deutlich auf. Es zeigt sich, dass sich mit dem Medium Internet mit einigen Geschäftsmodellen doch Geld verdienen läßt und dass die Nutzer auch zunehmend bereit sind, für (Premium) Services im Internet Geld zu zahlen.

Es werden wieder Internet-Firmen gekauft/übernommen

Und so ist der Markt auch wieder von Übernahmen und Gerüchten über solche gekennzeichnet. T-Online hat sich (vorbehaltlich der rechtlichen Freigabe durch das Kartellamt und der Herauslösung der strategisch nicht relevanten Unternehmen Morgen & Morgen und Gesundheitsscout24) für 180 Millionen Euro die "Internet-Kleinanzeigen"-Händler-Gruppe Scout24 (Autoscout24, Immobilienscout24, Jobscout24, Financescout24, Friendscout24, Scout24 Schweiz und Topjobsscout) gesichert. Ziel ist es, mit Hilfe dieses bekannten Markendachs und des erfolgreichen Netzwerks von Online-Marktplätzen das Geschäft mit dem elektronischen Handel im Internet auszubauen. T-Online tritt damit in Konkurrenz zu den Zeitungen, bei denen ein Großteil des Geschäfts mit rubrizierten Kleinanzeigen in den vergangenen Jahren von den Printmedien in das Internet gewandert ist. (1)

Auch die Internet-Gebrauchtwagenbörse Mobile.de stand seit Monaten zum Verkauf, da der britische Risikokapitalgeber Granville Baird seinen 30-Prozent-Anteil zu Geld machen wollte. Da es schwierig sein dürfte, neben den beiden Marktführern Autoscout 24 und Mobile.de einen weiteren Online-Marktplatz für Automobile erfolgreich zu installieren, ist nach der Übernahme der Plattform Autoscout24 (eine der größten Internet-Gebrauchtwagenbörsen Deutschlands) durch T-Online, ein heftiger

Bieterwettstreit entbrannt. Dem wollten die Verlage Holtzbrinck, Ippen und WAZ nicht nachstehen. Aber auch Yahoo und Ebay boten kräftig mit. Am 26.01.2004 ist dann für einen Betrag von 121 Millionen Euro der Zuschlag an Ebay gegangen.

Branchenkenner rechneten mit Offerten um nur etwa 50 Millionen Euro. Mobile.de kündigt für 2003 einen Umsatz von 24 Millionen Euro an, bei einem positiven Vorsteuerergebnis von rund vier Millionen Euro. Offensichtlich erwarten viele Marktteilnehmer, dass der Internetboom gerade erste anfängt, da alleine in der Weihnachtssaison 2003 in den virtuellen Geschäften der USA Einnahmen von zwölf Milliarden Dollar erzielt wurden. So bot ISA (der Zusammenschluss von Holtzbrinck und Co) rund 95 Millionen Euro, wurde aber schon zwischenzeitlich von Ebay mit 115 Millionen Euro überboten. (2)

Derzeit wird am stärksten in E-Commerce-Plattformen investiert, die Musik- und Film-Content anbieten

Die Musikindustrie, die in letzter Zeit mit spektakulären Prozessen gegen private Nutzer von

Internet-Tauschbörsen vorgegangen ist, beklagt Millionenverluste aufgrund des illegalen Tauschs von urheberrechtlich geschützten Titeln im Internet. Die Internet-Tauschbörse Napster, die zeitweise 60 Millionen Nutzer hatte, war an Klagen der Industrie wegen Verletzung der Urheberrechte gescheitert. Allerdings haben die Musikindustrie und auch die ihre Interessen vertretenden Verwertungsgesellschaften (in Deutschland die GEMA) einen herben Rückschlag erlitten. In einem Prozess in den Niederlanden hat die dortige Verwertungsgesellschaft Buma die Internet-Tauschbörse KaZaa verklagt.
Im Gegensatz zum Vorläufer Napster bietet KaZaa allerdings nur Software für den digitalen Austausch von Dateien an, die sich jeder Nutzer von der KaZaa-Seite herunterladen kann, um dann im Peer-to-Peer-System von anderen tauschwilligen Nutzern direkt die Dateien herunterzuladen bzw. auszutauschen. Nach Ansicht des Obersten Gerichtshofs in Den Haag sei KaZaa nicht für die Urheberrechtsverstöße verantwortlich, die die Kunden mit Hilfe des Tauschprogramms begingen.
Dieses Urteil kann weitreichende Folgen für die in anderen Ländern laufenden Klagen gegen KaZaa und andere Internet-Tauschbörsen haben. Damit ist auch weiterhin das gesamte Geschäftsmodell der Musikindustrie und in Zukunft auch der Filmindustrie in Frage gestellt. Die "kostenlosen"

Konkurrenten zu den jetzt installierten legalen Bezahl-Download-Sites sind trotz angedrohter Klagen weiterhin sehr beliebt. (3)

Im Gegensatz zu den vielen Musikdownload-Initiativen verschiedener Anbieter wie Wal-Mart, Apple, Napster (Roxio) und anderen setzt ein Musikgigant wie BMG im Jahre 2003 internen Berechnungen zufolge gerade fünf Millionen Euro im Netz um. (4)

Aber das Geschäft mit den Musikdownloads ist nicht ungetrübt. So gibt es verschiedene inkompatible Kompressionsverfahren (Atrac Sony; Advanced Audio Codec AAC - Apple; Winows Media Audio WMA - Microsoft) und somit verschiedene Spezialsoftware zum Abspielen und auch Spezialplayer. Darüber hinaus sorgt das Digitale Rechtemanagement (DRM) dafür, dass die Lieder nicht beliebig viele Male kopiert werden können und regelt auch wohin, heisst auf welche Medien sie kopiert werden dürfen. So bleiben die WMA-Songs lebenslange Gefangene auf den Festplatten, bis eine Kopflandung diese zerstört. WMA-Lieder können (zumindest bisher) überhaupt nicht gebrannt oder kopiert werden. In welchen Standard soll man investieren, um sicherzustellen, dass die gekaufte Musiksammlung auf der Festplatte nicht in ein paar Jahren reif fürs Museum ist? (5)

Fallbeispiele

Seit Dezember 2003 bietet die Frauenzeitschrift Vogue auf ihrer Internet-Seite www.vogue.com (19) auch Bezahlinhalte an, die den Web-Auftritt zumindest teilweise refinanzieren sollen. Das Angebot zum Download für EUR 2,99 ist das 38-seitige Vogue.com-Trendbook, welches zu jeder Saison einen aktuellen Überblick über die Mode-, Make-up und Haar-Trends geben soll. Abgerechnet wird dieser Service über Firstgate.
(9)

Der an der Tageszeitung "Hamburger Morgenpost" interessierte Leser kann diese jetzt auch täglich komplett im Internet als ePaper-Ausgabe lesen. Ab Mitternacht kann dann "virtuell" durch die ganze Zeitung geblättert werden. Der einzige Unterschied ist das Fehlen des Knisterns des Papiers. Als zusätzlichen Service für die Online-Abonnenten gibt es Such- und Archivierungstools wie auch ein PDF-Maker zum Erzeugen einer PDF-Version der Zeitung. Das Monatsabonnement kostet ab dem 1. Januar 2004 9,40 EUR, was ungefähr 26 Prozent unter dem Kiosk-Preis liegt. (10)

Die von der deutschen phonographischen Industrie gelauchte Musik-Download-Plattform Phonoline (technischer Dienstleister: T-Com) hat erste Vertriebspartner gewonnen. Ursprünglich sollte dieses technische Vertriebssystem bereits im Herbst an den Start gehen. Jetzt wird die CeBit 2004 als Launch-Termin ins Auge gefasst. Aber erst jetzt sind mit Partnern, die Musiktitel per Internet vertreiben, Verträge abgeschlossen worden. Diese Plattform richtet sich nicht an den Endkunden, sondern an Partner wie RTL, Bild.t-online, Eventim und Media Markt / Saturn, mit denen jetzt Verträge abgeschlossen worden sind. (11)

Dem britischen Internet-Magazin "The Register" zufolge will auch Coca-Cola mit einem eigenen Musikdienst im Internet vertreten sein. So sollen schon ab Beginn des Jahres 2004 unter der URL: www.mycokemusic.com (20) eine Auswahl von mehr als 250.000 Titeln zum Herunterladen bereit stehen. Das gemeinsam mit dem Online-Dienstleister OD2 realisierte Angebot gilt zunächst nur für Großbritannien. (12)

Geht es nach den Vorstellungen des Time-Warner-Chefs so wird AOL sein Geschäftsmodell radikal hin zum Pay-TV des Internets verändern.
Bisher verdient AOL vor allem an den Gebühren für

den Internetzugang seiner Kunden. In Zukunft soll AOL ein Produkt darstellen, welches auch für Kunden, die über andere Anbieter Zugang zum Internet bekommen, käuflich und attraktiv ist. (13)

Apple bietet mit seiner Download-Musik-Plattform iTunes derzeit etwa 400.000 Musikstücke an, die zu je 99 Cents heruntergeladen werden können. Apple "verdient" an diesem Betrag etwa die Hälfte. Es werden etwa 1,5 Millionen Songs pro Woche heruntergeladen, was einem Jahresvolumen von 75 Millionen entsprechen würde.
Diese im April 2003 eingeführte Plattform hat bis jetzt etwa 30 Millionen Downloads zu verzeichnen. Rund 15 Millionen davon sind alleine seit Einführung einer Version für Windows-Nutzer im Oktober 2003 aus dem Netz geladen worden.
Sie hat auf dem legalen Online-Musikmarkt einen Marktanteil von etwa 70 Prozent erreicht.
Der fleissigste Nutzer hat bisher Musik im Wert von 29.500 Dollar heruntergeladen.
Dabei bildet diese iTunes-Plattform aber nur das Rückgrat von Apples Musik-Strategie, das eigentliche Geschäftsmodell für Apple sind die digitalen Music-Player mit deren Hilfe sich die Musik abspielen läßt. Bei diesen hat Apple einen Anteil von 31 Prozent. (14)

Sony will im Internet einen Spielfilm-Service in Europa und für Japan starten. In Klärung seien noch

Fragen im Hinblick auf welche Inhalte angeboten werden sollten und in welchem Format die Daten komprimiert werden sollten.
In den USA wird von Sony bereits in Kooperation mit einigen Medienunternehmen unter der Marke Movielink ein Service angeboten, über den Spielfilme direkt über das Internet an die Kunden versandt werden.
Auch eine eigene Musikplattform ist von Sony geplant, so befindet sich die Plattform "Connect" derzeit in den USA gerade in der Testphase und will in naher Zukunft alle Titel für 99 Cent und Alben für 9,95 US-Dollar anbieten. (15) (16)

Auch das Online-Software-Unternehmen Real Networks will an dem Kuchen des Geschäfts für Online-Musik partizipieren. Dieser Service soll Ende Januar 2004 starten. (17)

Nicht nur Medien- und Software-Unternehmen gehen mit Online-Shops ins Internet, um Geld über z. B. Musikdownloads zu verdienen. Auch der britische Telekommunikationskonzern Cable&Wireless hat eine Downloadplattform für digitale Musik entwickelt. Bisher sind für diesen Dienst 200.000 Titel lizensiert worden. Zielkunden sind nicht die Endkunden, sondern dieser B-to-B-Service richtet sich an Firmenkunden aus den Industrien Medien, Retailer, Mobilfunkfirmen und Internet-Provider, die ein Komplett-System mit Technologie und Content benötigen. Kooperationspartner ist der deutsch-amerikanische Service-Provider 24/7 Music Shop. (18)

Weiterführende Literatur

(1) Scout 24 für T-Online strategisch wichtig
aus Frankfurter Allgemeine Zeitung, 12.12.2003, Nr. 289, S. 18

(2) Knape, Alexandra, Bieterwettstreit um Mobile.de eskaliert, Spiegel online, 12.01.2004
aus Frankfurter Allgemeine Zeitung, 12.12.2003, Nr. 289, S. 18

(3) Gericht: KaZaa in den Niederlanden legal
aus <e>MARKET Webmagazin vom 19.12.2003

(4) Alles umsonst?
aus Manager Magazin, 19.12.2003, Nr. 1, Seite 68

(5) Dambeck, Holger, Alles inkompatibel, Im Sadomaso-Keller der Musikindustrie, Spiegel Online, 20.01.2004
aus Manager Magazin, 19.12.2003, Nr. 1, Seite 68

(6) Was deutsche Privatanwender im Internet interessiert
aus COMPUTERWOCHE Nr. 1/2 vom 09.01.2004 Seite 50

(7) Kampagne der Filmindustrie gegen Raubkopierer zeigt Wirkung
aus <e>MARKET Webmagazin vom 18.12.2003

(8) T-Mobile: Kunden geben mehr für mobile Datendienste aus
aus <e>MARKET Webmagazin vom 01.12.2003

(9) Vogue.com setzt auf Paid Content
aus <e>MARKET Webmagazin vom 01.12.2003

(10) 'Hamburger Morgenpost' wird digital
aus <e>MARKET Webmagazin vom 01.12.2003

(11) Phonoline mit ersten Partnern
aus <e>MARKET Webmagazin vom 05.12.2003

(12) Coca-Cola steigt ins Geschäft mit Online-Musik ein
aus <e>MARKET Webmagazin vom 09.12.2003

(13) AOL setzt auf Bezahl-Inhalte
aus <e>MARKET Webmagazin vom 11.12.2003

(14) Apple Computer weitet Online-Musikgeschäft aus
aus <e>MARKET Webmagazin vom 07.01.2004

(15) Sony will Spielfilme über das Internet vertreiben
aus <e>MARKET Webmagazin vom 19.12.2003

(16) Sony will Musik-Plattform auf den Markt bringen
aus <e>MARKET Webmagazin vom 08.01.2004

(17) Real Networks will ebenfalls ins Musik-

Download-Geschäft einsteigen
aus <e>MARKET Webmagazin vom 06.01.2004

(18) Cable & Wireless steigt ins Musikgeschäft ein
aus <e>MARKET Webmagazin vom 16.01.2004

(19) www.vogue.com
aus <e>MARKET Webmagazin vom 16.01.2004

(20) www.mycokemusic.com
aus <e>MARKET Webmagazin vom 16.01.2004

Impressum

Das Internet ist tot!? 2004 lebt das Internet als Geschäftsmodell wieder auf!!

Bibliografische Information der deutschen Nationalbibliothek

Die Deutsche Nationalbibliothek verzeichnet diese Publikation in der deutschen Nationalbibliografie; detaillierte bibliografische Daten sind im Internet über http://dnb.d-nb.de abrufbar.

ISBN: 978-3-7379-0290-8

© 2015 GBI-Genios Deutsche Wirtschaftsdatenbank GmbH, Freischützstraße 96, 81927 München, www.genios.de

Alle Rechte vorbehalten. Dieses Werk ist einschließlich aller seiner Teile – z.B. Texte, Tabellen und Grafiken - urheberrechtlich geschützt. Jede Verwertung außerhalb der Grenzen des Urheberrechtsgesetzes bedarf der vorherigen Zustimmung des Verlags. Dies gilt insbesondere auch für auszugsweise Nachdrucke, fotomechanische

Vervielfältigungen (Fotokopie/Mikroskopie), Übersetzungen, Auswertungen durch Datenbanken oder ähnliche Einrichtungen und die Einspeicherung und Verarbeitung in elektronischen Systemen.